AF250955

4

Ith 314.

SOUVENIRS

DE CATALOGNE

(1809 à 1814)

PUJOL, CHEF DE MIQUELETS

Extrait du tome XVI du *Journal des Sciences militaires*

ANNÉE 1857

ARMÉES FRANÇAISES EN ESPAGNE.

SOUVENIRS DE CATALOGNE

(1809 A 1814)

PUJOL, CHEF DE MIQUELETS.

En 1854, au moment où parut l'éloge du maréchal Suchet, couronné par l'Académie des sciences, belles lettres et arts de Lyon (1), un espèce de roman, sous le titre de *Pujol, chef de*

(1) Cet éloge a été inséré au *Journal des Sciences militaires.*

1857

Miquelets, vint réveiller aussi quelques souvenirs sur les guerres de la péninsule Ibérique.

Ce roman, qui nous est tombé sous la main il y a quelques jours seulement, est de M. Jacques Arago, qui le donne comme une histoire. — L'auteur, du reste, en se posant cette question, dans la préface : « *Est-ce un roman, est-ce une histoire? ce n'est pas un roman. Donc c'est une histoire;* avoue que la conséquence n'est pas logique.

Il dit vrai; car, tout en cherchant à démontrer qu'il a vu, connu, fréquenté son *héros*, il s'est laissé emporter aux caprices de son imagination; et, en chargeant un tableau de plus de couleurs qu'il n'en fallait pour peindre un homme hors ligne, un type vraiment dramatique, il en a fait un pastiche méconnaissable pour ceux qui, vieux témoins des exploits de ce chef de guérillas, pensent qu'un pinceau sagement conduit pouvait suffire à lui donner l'auréole de la célébrité sinistre qui s'attache à ses actions, et à celles des brigands qu'il commandait.

L'histoire seule peut et pourra faire connaître, par le rôle que Pujol accepta, les moyens de represailles que, dans la guerre sauvage de l'Espagne, et plus particulièrement de la Catalogne, on

dût exercer, pour se défendre des atrocités qui la
signalèrent; et, peut-être même, justifiera-t-elle
celles commises par un homme qui se sacrifia
pour la cause de la France, par le simple récit
des sanglantes péripéties des campagnes d'Espagne, de 1808 à 1814.

Les luttes régulières de la France, au nord de
l'Europe, absorbaient l'attention générale. C'é-
taient de grandes batailles, de grandes hécatom-
bes humaines pour l'indépendance de la France,
alors que les potentats osèrent attaquer le grand
travail de sa génération.

Ce travail, préparé par des assemblées natio-
nales qui brilleront dans la postérité, comme la
plus mémorable preuve que l'heure de l'affran-
chissement avait sonné, non-seulement pour la
France, mais pour le monde entier, demandait
de grands efforts, de grands sacrifices. Les destinées du pays étaient en jeu. Ces luttes étaient
la garantie de son avenir; il était naturel que
le pays s'y intéressât par-dessus tout.

On oublia, en quelque sorte, ceux des enfants
de la France qui, sans doute, auraient pu aussi
remplir la mission de l'émancipation en Espagne, sans une mesure politique incomprise qui
déchaîna des passions fanatiques et farouches,

contre lesquelles on ne trouva plus ni raison ni merci.

En Espagne, ce ne fut plus, à quelques exceptions près, des batailles et des combats réguliers où les masses se mesurent et cèdent quand il faut céder ; c'était une guerre d'homme à homme, une lutte provoquée par des fureurs religieuses qui, depuis bien des siècles, avaient fait de l'Espagne l'épouvantail du genre humain ; car, au nom du salut éternel, des esprits vraiment diaboliques torturaient, tenaillaient, déchiraient, brûlaient *des hommes*, rappelant ainsi les sacrifices humains d'un épouvantable paganisme ; et dépassant en cruautés ces empereurs romains que la postérité et l'Eglise stygmatisent, en pleurant sur les martyrs de la première époque de l'émancipation humaine, fondée par le christianisme.

Contre des brutes inspirées par de tels esprits, car la tradition s'en trouvait encore en Espagne ; que pouvaient attendre d'honnêtes soldats français, hommes de devoir, sans autre passion que celle de l'honneur, de la modération, du patriotisme, de la bravoure au milieu du combat, de l'humanité après la victoire ?

Que pouvaient des hommes policés, instruits

contre des êtres de la plus crasse ignorance et imbus du fanatisme le plus grossier? voulant plaire à leurs prêtres, à leurs moines, qui n'avaient à la bouche que des vociférations contre ceux qu'ils appelaient des impies et des démons, la populace espagnole sacrifiait à leurs passions vengeresses des soldats disciplinés, et les traitait de même qu'autrefois les payens pourchassaient les premiers Chrétiens et les traquaient comme des bêtes fauves, alors qu'ils apportaient le flambeau de la vérité.

On peut dire que les Français qui ont succombé en Espagne furent moins les martyrs d'une politique, sur laquelle nous laissons l'histoire s'expliquer, que d'une religion faussée et pervertie par l'aberration d'un clergé qui, oubliant les premiers principes du Christianisme, faisait jurer sur l'Evangile l'accomplissement des crimes les plus inhumains, et repoussait avec violence les rayons lumineux de la civilisation, qu'au milieu de la crise politique de tous les Etats de l'Europe, leur apportaient les soldats de la France régénérée, rayons lumineux qui, malgré tout, ont percé le voile de l'obscurantisme espagnol.

Dans une telle situation, la lutte ne pouvait

être égale; et ce fut une chose de grand sens que de chercher à opposer à des passions aveugles et barbares, d'autres passions semblables, d'acheter, par quelques faveurs et avec de l'or, des bras vengeurs, d'opposer brigands à brigands, et de dérober quelques victimes aux coups meurtriers des hyènes dont on eût à se défendre, en Catalogne surtout.

Là, en effet, se trouve le versant *sud* des Pyrénées; ce ne sont que vallées profondes, hautes montagnes, sentiers escarpés, où l'homme ne gravit qu'avec peine au-dessus des précipices, où nulle route ne permet de pénétrer, où le mulet, au pied sûr et agile, peut seul faire le transport des hommes et des marchandises.

Dans ces hautes régions existe un peuple à part, peuple de contrebandiers, de chasseurs d'ours, d'isards et autres bêtes sauvages, endurdurci aux frimats, habitué aux privations, pour qui la nature est marâtre, et qui n'a pour jouissances que celles que lui livrent le hasard et son adresse, aussi est-il chasseur, maraudeur et voleur par instinct et par nécessité.

La guerre contre les Français était pour lui une occasion unique de faire éclater ses passions fanatiques et d'assouvir les penchants les plus pervers; c'était plus que la guerre sainte, c'était plus que l'élan patriotique qui fit descendre des aspérités qu'ils habitaient ces farouches montagnards. Comme des bandes de loups, ils cherchaient à fondre sur les convois français, sur les militaires isolés ou en nombre inférieur, moins pour satisfaire à une vengeance que pour dévorer une proie.

Pour eux, s'ils l'eussent voulu, la guerre n'eut pas existé. On ne l'eut pas portée dans leurs réduits. Si des tentatives furent faites, en 1809 et 1810, sur Ripoll, Olot, Vich et d'autres petites villes, enfouies dans des gorges ou perchées sur les cîmes des montagnes, ce fut pour chercher à détruire ces nids de vautours qui, fondant à l'improviste sur le Lampourdan et la route de Perpignan à Barcelone, par Lajonquière, Figuières, Girone, Banyuls-del-Mar et Mataro, rendaient si dangereuses les communications, et forçaient les troupes à être constamment sur pied, dans un pays où nulle force ennemie importante n'apparut, pour reconquérir ce que nous possédions depuis 1809.

Il était pénible de se voir bravés, à chaque instant et presque impunément, par une poignée e bandits, quand notre puissance s'appuyait sur

des forteresses comme Figuières, Girone, Hostalrich, Barcelone.

Mais comment pénétrer dans les antres où ils
se réfugiaient, dès qu'une force imposante se pré-
sentait. Plus accidentée que la Kabylie, la haute
Catalogne était presque inabordable à des troupes régulières; nos voltigeurs formaient une
excellente troupe légère, mais il fallait connaître
les lieux pour ne point tomber, à chaque pas,
dans des embuscades. Les Miquelets, retranchés
et invisibles sur des crêtes inaccessibles, plon-
geaient et tiraient lâchement sur tous ceux qu'ils
apercevaient, et n'en descendaient que pour les
dépouiller.

Nous avons assisté à vingt marches de jour et
de nuit pendant lesquelles les Miquelets embus-
qués attaquaient, sans danger, des compagnies,
des bataillons, des brigades, et même des divisions.

Nous nous rappellerons tant que nous vivrons
que, dans une expédition faite au mois de mai
1811, avec la division du général Quesnel, dont
nous étions le commissaire des guerres, nous
perdîmes bien des hommes et bien des chevaux
par des coups de fusil isolés, tirés avec la plus
grande adresse, des cîmes élevées de rochers

dérobant l'ennemi, derrière de vieux chênes verts, sans qu'il fut possible d'en tirer vengeance. Quoiqu'on éclairât le plus possible les flancs des colonnes, c'était en vain qu'on se mettait à la poursuite d'ennemis invisibles, et dont les refuges étaient assurés dans des cavernes et dans des anfractuosités, où, tapis comme des bêtes féroces, il était difficile de les découvrir et de les attaquer.

On ne pouvait que tenter de détacher quelques mécontents de ces hordes sauvages, de les gagner par des largesses, de les mettre ensuite à la piste de leurs anciens camarades et de servir de guides et d'avant-garde à nos tirailleurs français.

A des corsaires il fallait opposer des corsaires. — Ce fut donc presque une lettre de marque qui fut donnée à Pujol par le général Decaen, commanmandant en chef de la Catalogne, depuis le départ du maréchal Magdonald, en 1811, après la reprise de Figuières (1).

(1) Nous avons donné en 1843, dans le *Moniteur de l'armée*, un épisode sur la prise et la reprise de cette place. — Il a été reproduit alors dans le *Constitutionel*, et il fait partie des pièces justificatives à l'appui de l'éloge du maréchal Suchet que nous avons publié en 1854.

Il ne faut point chercher des causes romanesques pour introduire Pujol sur la scène militaire de la Catalogne; et poser en héros un individu qui ne fut pas, sans doute, un homme ordinaire, mais qui n'abandonna ses camarades que parce qu'il était mécontent de la position qui lui avait été faite par le baron d'Eroles, chef des bandes de Miquelets de la Catalogne. — Pujol, avant ses premiers exploits contre les Français, était tout bonnement un *arriero*, c'est-à-dire un conducteur de mulets servant plus souvent à la contrebande qu'au commerce.

Nous ne voulons pas toutefois faire descendre Pujol du piédestal que lui consacre son panégirique avant de le faire monter à une potence qu'il méritait de longue date, et qui ne fut, peut-être pas même, quoiqu'en ait dit le roman, son dernier supplice.

Nous apprécierons à sa juste valeur un homme qui avait rendu de grands services à l'armée de Catalogne, et qui fut traîtreusement livré par la Restauration comme ayant servi une cause détestée et reniée par elle.

Nous n'avons pas su que Pujol eût les passions tendres que le roman lui prête. Pujol, si notre mémoire ne nous fait pas défaut, était bel et bien marié à une forte et belle commère de Besalu, qui a vécu et qui vit peut-être encore à Toulouse; car nos souvenirs plus récents, d'une époque où, associé, en 1830, aux patriotes poursuivis sous la Restauration, nous pûmes soulager quelques douleurs, semblent nous permettre d'affirmer qu'elle vivait alors dans une affreuse misère. Des secours furent sollicités pour elle, auprès du gouvernement de Juillet, par des Français qui, en 1823, furent pris à Llers parmi les patriotes espagnols, adversaires des armées de la foi, auxquelles la Restauration accordait son appui, et pour lesquelles elle fit son invasion en Espagne, appelée alors la promenade militaire, et terminée par la prise du Trocadéro.

Il serait facile de vérifier ce fait; et alors tomberait tout naturellement l'échafaudage fantastique de l'amour de la bohémienne ou gitane Peppa, de ses aventures dramatiques, et de la mort de l'héroïne créée avec tant d'art, à l'instar et à l'égal de l'héroïque Pujol.

Nous qui avons vécu de la vie des camps, au milieu des dangers et des émotions de cette guerre toute exceptionnelle de la Catalogne, depuis le mois d'octobre 1810 jusqu'au 2 juin 1814, époque à laquelle nous avons quitté, le dernier

peut-être, ces parages dangereux, et qui étions
encore à Barcelone lorsque Pujol était rendu
sur le sol français avec les restes de l'armée dont
il avait été le hardi auxiliaire (1), nous pou-
vions être fort étonné en lisant des faits contre-
dits par notre mémoire.

Mais si le héros du roman gravite dans un
cercle où nous savons qu'il était presque étranger, il nous a paru non moins extraordinaire que,
pour mettre en scène des généraux et quelques
officiers dont on tient à rehausser un renom déjà
glorieux, on fausse l'histoire elle-même qui doit
être le reflet, en leur temps et lieu, d'actions
réelles et publiques. Or, l'auteur est dans la plus
grande erreur quand il fait paraître, à l'évacuation de la Catalogne, le général de division Maurice Mathieu et son état-major, et bien plus le
général Decaen.

Ce dernier avait quitté l'armée dès la fin de
1813, et, le 1er novembre de la même année, le
général Maurice Mathieu avait cédé son com-
mandement au général de division Habert.

L'armée de Catalogne avait cessé d'exister.

(1) L'épisode de l'évacuation de Barcelone a été publié en 1843,
au *Moniteur de l'armée*, le *Constitutionel* l'a reproduit la même année, et il figure aux pièces justificatives du mémoire du maréchal
Suchet, duc d'Albufera.

A la retaite de Valence de M. le maréchal Suchet, les troupes de la Catalogne passèrent sous ses ordres, et l'armée prit le titre d'armée d'*Aragon et de Catalogne*.

C'est cette armée qui, cédant le terrain pas à pas, contenant, par le prestige des victoires du maréchal Suchet, les nombreux ennemis qu'il avait si souvent vaincus évacua la principauté de Catalogne. Jusqu'au jour où le dernier des Français de cette armée mit le pied sur le sol natal, en juin 1814, les ennemis n'osèrent point entreprendre une lutte, bien qu'elle eût pu être inégale par la diminution successive de l'armée d'Aragon et de Catalogne, car les plus vieilles troupes avaient été appelées au secours de la France envahie, et avaient formé l'armée de Lyon.

Nous pouvons donc dire ici *suum cuique*, à chacun le sien. Si quelques résistances, quelques efforts glorieux terminèrent, en 1814, l'occupation de la Catalogne, il est juste qu'ils soient attribués à ceux qui y ont pris part, et qui n'ont, quoiqu'en ait dit l'auteur du roman, éprouvé dans leur retraite aucune avanie, aucune perte.

La retraite volontaire du maréchal jusqu'à Girone avait été commandée par sa propre prudence; elle ne fut forcée par aucun combat, par aucune défaite; et lorsque la remise des places occupées en Arragon et en Catalogne dût avoir lieu, d'après une convention passée à Toulouse, le 19 avril 1814, entre le maréchal Suchet et le duc de Wellington, ce furent les armées espagnoles et anglaises qui, elles-mêmes, protégèrent le retour des Français, tout en se tenant à distance (1).

La division Habert, sortie de Barcelone le 28 mai 1814, forte de près de 8,000 hommes, était capable d'ailleurs de se protéger elle-même; et des moines imprudents qui, à Mataro, osèrent proférer quelques paroles haineuses, apprirent à leurs dépens que le fer des baïonnettes françaises était aigu, et que nos armes sauraient braver ceux qui oseraient remuer.

Les armées ennemies, alors nos alliées, furent témoins de ce fait; elles ne bougèrent pas, et nous pûmes revenir en France sans déshonneur, si ce n'est sans triomphe.

Voilà l'histoire vraie de la rentrée en France de l'armée d'Aragon et de Catalogne. Si elle eut à gémir sur des revers qu'elle aurait voulu venger,

(1) Voir le traité à la suite.

on ne peut dire assez haut que le Roussillon fut
constamment à l'abri sous sa protection, et que
ceux qui ont blâmé le maréchal Suchet de n'a-
voir pas coopéré à la défense de l'Ariége et de
la Navarre avec le maréchal Soult, ignoraient
qu'une armée de plus de 50,000 Espagnols et
Anglais n'était contenue que par environ 10,000
hommes restant de l'armée d'Aragon et de Catalogne, le surplus étant renfermé dans des places
fortes, ou déjà en ligne, en France, contre les Au-
trichiens qui entraient par la Suisse.

L'auteur du roman, né à Perpignan où il
existe de vieux débris de cette héroïque armée,
aurait dû se faire renseigner avant d'écrire des
lignes comme celles-ci : « Le bruit du prochain
« départ de l'armée pour le Roussillon vola
« bientôt de bouche en bouche; le cœur des vrais
« Espagnols, de ceux qui regardent pour quel-
« que chose l'honneur national, se gonfla de
« vanité, de sanglantes represailles se préparè-
« rent dans les ténèbres.—Les rues de Barcelone
« furent teintes de sang, les poignards long-
« temps assoupis se réveillèrent; ces ardentes
« passions, comprimées par la terreur, se jetè-
« rent au dehors, les menaces des premiers jours
« d'envahissement eurent un écho aux jours

« d'adieu, et chaque piéton, en passant auprès
« d'un autre piéton, cachait sa main droite dans
« sa poitrine pour y chercher la poignée de son
« stylet.—Mais un homme était là, debout au
« milieu des convulsions de tous les partis, pour
« faire payer cher aux Espagnols réveillés, le
« sang qu'il avait juré d'épargner.—Cet homme
« c'était Pujol. —Il avait dit à sa bande : Deux
« partisans contre un, c'est un taux légal, et les
« soldats lui avaient répondu : Nous t'en donne-
« rons trois, et pour peu que tu le veuilles, tu en
« auras quatre. »

Erreur de tous points. Il fait commander la
retraite par le général Maurice-Mathieu, avec
qui il met Pujol en rapport; le général Maurice
Mathieu était parti depuis longtemps. Pujol, si
ce n'est quand il vint en Basse-Catalogne avec la
division du général Lamarque, ou la brigade
Beurmann, n'agit qu'en Haute-Catalogne, son
pays natal, celui qu'il connaissait par ses excur-
sions, et où il avait quelques haines, quelques
représailles à exercer.

On pourrait réfuter page par page, ligne par
ligne, l'œuvre de M. Jacques Arago. Il y a deux
jours seulement que nous l'avons lue; et en attendant que nous recueillions tous nos souvenirs,

tous nos documents pour donner suite à l'histoire de l'armée de Catalogne que nous avons presque ébauchée dans l'éloge du maréchal Suchet, nous n'avons pu contenir nos impressions.

Il ne faut pas, pour grandir un homme vulgaire, grouper des faits qui tiennent aux annales glorieuses d'une armée entière; elle se fût passée de Pujol, car elle ne s'en servit que dans des escarmouches; et elle dut, peut-être à ses cruautés plus d'ennemis qu'elle n'a eu de victimes ménagées par sa bande infernale, qui avait fini par être un opprobre, que son chef ressentait, qui lui pesait, et dont il se débarrassait le plus possible, en faisant justice lui-même des plus infâmes coquins qui gênaient son action, et l'ambition qu'il avait d'être assimilé à un officier français; depuis surtout que le général Decaen, et non le général Maurice Mathieu, lui avait conféré le grade de chef de bataillon, en portant sa bande à six cents hommes, et en lui confiant deux pièces de canon de montagne.

A l'exception des services que l'auteur du roman indique comme les ayant appris du commandant Palegry, qui, lui, nous le savons, fut un intrépide chef de partisans, et la contrepartie de Pujol, et que nous reconnaissons pour véritables, tout le reste nous paraît être un jeu de l'imagination de M. Jacques Arago. Ce n'est pas que Pujol et sa bande ne fussent capables de toutes les atrocités qui, dans le roman, font de leurs figures et de leurs actions le tableau dramatique le plus saisissant.

Le récit d'une enquête dont nous avons été chargé, au mois de janvier 1813, en dira autant que le roman lui-même; et, cette fois, c'est de l'histoire la plus lugubre.

Nous étions alors confiné dans un fort, celui d'Hostalrich, dominant la route de terre qui va à Barcelone par San-Celoni, Trenta-Passos et Grenollers, comme commissaire des guerres. Une garnison de 1500 hommes, 100 canons en batterie, faisaient de cette forteresse une position importante.

Pour une expédition qui avait été projetée sur Vich, une avant-garde avait été placée à San-Celoni, vers le mois de décembre 1812. Elle fut, dans une nuit obscure, attaquée par une force assez considérable, et elle dut se replier sur Hostalrich. Pendant la retraite, des habitants de quelques villages voisins s'étaient réunis et rués sur nos soldats; une assez grande perte avait eu lieu. On avait signalé quelques hommes d'un village situé dans les montagnes boisées qui s'étendent le long de la *Tordera*, rivière qui baigne la base du fort d'Hostalrich élevé à pic sur sa rive de plus de 150 mètres.

La bande de Pujol opérait en éclaireurs entre Hostalrich et Arenys-del-Mar, appuyant la gauche du mouvement auquel on s'attendait. Apprenant ce que l'on suppose des habitants de ce village, dont la situation, se représente encore à nos souvenirs, si ce n'est le nom, la bande fond, sans ordre, comme une avalanche, met tout à feu et à sang, vole, pille et commet toutes les atrocités imaginables.

Les habitants qui peuvent s'échapper se réfugient dans les bois, d'autres plus hardis viennent au fort demander aide et protection. Mais il eut été imprudent d'exposer une partie de la garnison; on pouvait craindre un piége, et d'ailleurs le mal était fait, la bande avait abandonné sa proie. Cependant le désespoir de ces hommes paraissait si vrai qu'on leur proposa de les faire escorter jusqu'au quartier-général, afin d'exposer leurs griefs. Le curé et quelques-uns des principaux habitants s'y rendirent; et, le lendemain, nous reçûmes l'ordre de nous transporter sur les lieux, et de rendre compte de tout ce qui s'était passé.

Il fut convenu que quelques-uns des principaux habitants resteraient en ôtage jusqu'à notre retour, et, sur leur protestation que nous serions reçus comme des sauveurs, le détachement d'escorte ne dut nous accompagner, avec notre interprète et unofficier de santé, que jusqu'à un point désigné.

Là, nous trouvâmes toute la population prosternée, en larmes, demandant vengeance. Nous montons au village dont quelques maisons brûlaient encore. Nous trouvons des cadavres d'hommes, de femmes et d'enfants gisants nus sur la place; plusieurs portaient les traces d'affreuses plaies et de brûlures. Toutes les maisons avaient été fouillées, pillées, saccagées ; des femmes avaient les parties sexuelles brûlées, des hommes avaient reçu un traitement semblable pour ne pas avoir remis assez tôt leur argent. De jeunes filles avaient reçu le dernier outrage; et nous nous rappelons encore avec angoisse l'état des deux nièces du curé qui avaient dû céder à la rage furieuse d'un grand nombre de ces brigands ; elles se trouvaient dans un état désespéré, ayant subi les plus horribles violences.

Nous n'avons jamais eu un spectacle plus navrant sous les yeux. C'était à défaillir à la vue de telles atrocités !

Ce fut sous l'impression de ces émotions que nous fîmes notre rapport. Le général Decaen fit sur-le-champ appeler Pujol. Il paraît qu'il n'était pas présent au massacre ; c'était seulement un de ses détachements qui avait fait l'affreuse opération. « Décidément je licencie votre odieuse
» bande, lui dit le général en chef Decaen ; mais
» auparavant, je veux faire un exemple qui fasse
» comprendre aux populations catalanes que les
» Français ne prêtent pas les mains à de tels mé-
» faits : votre bande ne mérite pas même d'être
» jugée militairement; elle sera décimée; et j'en
» enverrai une partie expier leurs crimes dans
» les prisons de France. »

Pujol, sans s'émouvoir, lui dit : « Vous avez
» raison, mon général, je suis las moi-même de
» commander à de tels hommes ; donnez-moi
» carte blanche, et soyez sûr que je ferai bonne
» justice. Je vais réunir les compagnies; je sau-
» rai quels sont les hommes les plus coupables;
» ils n'attendront pas longtemps la punition de
» leurs forfaits. Veuillez donner des ordres pour
» qu'un bataillon soit présent, afin que si quel-

» qu'un bouge, ce soit fait de tous mes drôles. »

Ainsi fut fait; Pujol, armé de pistolets à deux coups et en ayant d'autres en réserve, se présente devant sa troupe : « Vous n'êtes plus mes mi-
» gnons aujourd'hui (c'était son mot familier),
» vous vous êtes conduits comme des infâmes;
» vous vous êtes rués sur un village ami et pai-
» sible; vous avez égorgé et pillé des êtres inof-
» fensifs; vous avez été lâches et cruels; vous
» méritez tous d'être passés par les armes : mais
» qu'on me dénonce les plus coupables et que les
» autres apprennent, par l'exemple d'une puni-
» tion terrible, à ne point déshonorer les Fran-
» çais que vous avez promis de servir en braves
» Miquelets et non pas en brigands. Parlez? Tous
« se taisent. — Ah c'est ainsi! s'écrit-il, il y a
» du courage chez vous, je le sais; alors vous
» acceptez le sort qui va désigner lui-même les
» coupables à punir. »

Cependant, il fait placer sur le front les hom-mes du détachement; il dégrade l'officier et les sous-officiers, et, s'armant de ses pistolets, il commence lui-même à décimer le détachement. Dix Miquelets avaient déjà mordu la poussière. Les autres étaient mornes et silencieux attendant leur tour; mais le général entendant les coups de feu arrive en hâte et met fin à ce carnage ; il fait envelopper le détachement par le bataillon, et les hommes sont envoyés dans les prisons de France.

A dater de ce jour, Pujol devint triste et morose ; il ne voulut plus que ces Miquelets marchassent seuls : et des compagnies de voltigeurs prirent part désormais à toutes leurs expéditions. —Pujol était fier d'un tel concours, et son plus grand bonheur eut été de changer ses insignes de commandant contre celles du moindre officier français.

Depuis, et nous croyons en être certain, on n'entendit plus se plaindre des bandes de Pujol ; elles étaient peut-être moins téméraires, mais elles se battaient aussi bien ; elles éclairaient avec soin les marches des troupes et des convois ; et on peut dire qu'elles se disciplinèrent au contact de nos troupes ; l'exercice et le service s'y faisaient exactement ; et loin, comme l'avance M. Jacques Arago, d'avoir, en partant de la Catalogne, commis de dernières atrocités, elles s'inspirèrent de l'esprit de modération qui dirigea toujours les soldats sous les ordres du maréchal Suchet, et qui lui valut d'être regretté de ceux-là même qu'il avait vaincus.

Le Maréchal n'aurait pas d'ailleurs souffert des écarts comme ceux racontés par le roman qui nous a fait mettre la plume à la main. Nous avons dû rétablir les faits et réhabiliter l'armée française qui en aurait été déshonorée. Elle ne le fut pas, car les populations de la Catalogne et de l'Aragon ne seraient pas venues, comme cela s'est vu en 1823, au devant des Français. Elles les croyaient encore commandés par des chefs qui, au milieu des exigences de la guerre, savaient ménager les hommes paisibles, et allégir le fardeau d'une guerre dans laquelle le Français n'apportait aucune passion politique et nationale, mais seulement cette inspiration des devoirs et de la bravoure qui fait affronter les dangers, quand celui qui gouverne le prescrit.

C'est à ce point de vue que les campagnes d'Espagne doivent être appréciées; mais surtout de l'Aragon et de la Catalogne. Si quelques représailles de cruautés, commises par les énergumènes poussés par le fanatisme du clergé, ont dû avoir lieu, elles ont été rares; et les mains françaises ont toujours préféré s'en dispenser lorsqu'on a pu trouver dans des bandes, comme celles de Pujol, des instruments capables de lutter avec des armes qui n'ont jamais pu être familières aux Français.

Les hommes de ces bandes, comme tous les renégats et les brigands, ont eu, sans doute, une fin malheureuse ; un sort pareil leur était réservé dans leur pays par les guerres civiles qui n'ont pas cessé de surgir depuis notre départ de l'Espagne, et par la punition inévitable qui attendait leurs crimes passés et antérieurs à l'arrivée des Français.

Quand à Pujol, il n'est pas un officier, un soldat de l'armée de Catalogne qui ne lui sut gré des services rendus et de son dévouement. — Le maréchal Suchet fit ce qu'il put pour lui ; et c'est à tort encore que M. Jacques Arago a dit qu'il n'avait pu être payé d'un arriéré qui lui était dû ; car il est prouvé que la solde des troupes de l'Aragon et de la Catalogne, rentrant en France au mois de mai ou juin 1814, était à jour. Le maréchal Suchet, le père de son armée, n'aurait pas versé au trésor français à Toulouse, une somme de 73,000 francs (1), balance des comptes de sa sage administration, s'il eut été dû quoique ce soit à ses soldats, et surtout à un

(4) Page 176 de l'éloge publié en 1854.

homme comme Pujol, dont il avait été à portée, quoique tardivement, d'apprécier la bravoure, les qualités militaires et l'attachement à une cause à laquelle, pendant quatre années, il n'avait pas cessé d'être fidèle.

Si tous les officiers et soldats qui ont connu Pujol avaient conservé de lui un souvenir d'affection qu'il méritait personnellement, il n'en est pas un qui n'ait gémi sur la trahison dont il a été la victime de la part d'un gouvernement étranger à notre gloire et à nos sentiments; qui n'ait répandu et ne répande des larmes amères en songeant au long martyr qu'il a subi avant de terminer l'existence qu'il avait consacrée à son pays d'adoption; et qui ne déplore que la férocité catalane ait réuni sur lui toutes ses vengeances pour des actes qu'il n'avait pas commis, et dont tout le premier, le plus souvent, il avait réprouvé et puni les excès.

Nous ne venons pas contester certains services rendus par le corps que Pujol a commandé; mais nous avons cru pouvoir relever et rectifier de notables erreurs, quant au rôle que cet homme a rempli dans les rangs de l'armée française.

On ne joue pas avec la mémoire des morts qui ne peuvent se défendre, et notre impartialité

nous faisait un devoir, aussitôt que nous avons lu
le roman de M. Jacques Arago, de réveiller d'anciens souvenirs, et de raconter des faits que nous
avons connus et vus, qui seront la contre-partie
des exagérations accumulées à plaisir sur un su-
jet dont les actions ont un intérêt assez palpitant
pour qu'on s'en tienne à la réalité.

Hip. BARAULT-ROULLON.

Sous-Intendant militaire en retraite, (ancien
Commissaire des guerres des divisions ac-
tives des généraux Lamarque, Quesnel et
Habert, en Catalogne, de 1810 à 1814).

TRAITÉ

POUR L'ÉVACUATION DE BARCELONE

(CATALOGNE)

Mai 1814.

———

M. le général de division baron Habert, l'un des commandeurs de la Légion d'Honneur, de l'ordre de la Réunion, commandant supérieur de la Basse-Catalogne, gouverneur de Barcelone, et S. E. le général en chef Copons y Navia, commandant la première armée espagnole, jugeant convenable d'arrêter une convention basée sur l'armistice conclu à Toulouse, le 19 avril, entre S. E. le maréchal duc d'Albufera et S. E. le maréchal marquis de Wellington, pour assurer le mode d'évacuation de la place et des forts de Barcelone, et la marche des troupes qui en forment la garnison ont nommé : M. le général de division gouverneur, M. Lamy, chef de bataillon au 117ᵉ régiment de ligne, chevalier de la Légion d'Honneur, et Menu, capitaine aide-de-camp, et S. E. le général en chef Copons ; Don

Francisco-Xavier Cabanès, adjudant général et chef de l'état-major de la première armée espagnole ; lesquels, après avoir échangé leurs pouvoirs, sont convenus des articles suivants :

Art. 1er. Dès que M. le général de division gouverneur aura été informé officiellement de l'arrivée de la garnison de Tortose à la frontière de France, la place et les forts de Barcelone seront remis aux troupes espagnoles de la manière suivante :

A deux heures du matin, les troupes françaises, l'artillerie et les bagages, seront réunis sur la place entre le fort Saint-Charles et Barcelonnette. A la même heure, trois compagnies espagnoles occuperont, conjointement avec trois compagnies de troupes françaises, la porte Neuve, celle de Mer et la porte de Secours de la citadelle ; les autres seront fermées et ne seront occupées par aucune troupe ; les clefs seront remises à un officier espagnol désigné à cet effet, deux heures avant l'évacuation de la place.

Un corps de 200 hommes d'infanterie et cavalerie espagnole occupera, à la même heure, la prison. Ce corps enverra de suite un poste à l'hôpital militaire, et détachera également des patrouilles, afin de maintenir l'ordre en ville, empêcher que la tranquillité soit troublée. A la même heure (deux heures du matin), une compagnie espagnole occupera, conjointement avec une compagnie française, la porte principale du fort Montjouy ; les autres troupes espagnoles, destinées à former la garnison de ce fort, demeureront aux environs de la porte principale dudit fort jusqu'à ce qu'il soit entièrement évacué par les troupes françaises.

Les troupes de cette nation de la garnison de Montjouy, le poste de l'hôpital, les trois compagnies de service aux portes, recevront les ordres de M. le général de division Habert pour se réunir et rentrer à leur division ; elles passeront sur le glacis et se dirigeront sur la route de Mataro.

Art. 2. La garnison de Barcelone sortira de la place comme il est dit en l'art. 4 de l'armistice, se dirigeant sur Perpignan, passant par Mataro, Tordera, Girone, Figuières et le Boulou. Les troupes bivouaqueront en route. Des officiers d'état-major et des commissaires des guerres de l'armée espagnole accompagneront la division dans sa marche jusqu'à la frontière de France, afin d'assurer les articles de la présente convention. Aucun corps de troupes espagnoles ne pourra précéder, suivre ou flanquer la troupe française. M. le général en chef Copons est invité à prier M. le commandant de la croisière anglaise de faire éloigner, à plus de portée de canon de la plage, les bâtiments armés.

Art. 3. La garnison emportera pour quatre jours de vivres et elle en recevra à Figuières, par les soins des autorités espagnoles, pour jusqu'à son arrivée en France. Les moyens de transport seront fournis l'avant-veille de l'évacuation; ils consisteront dans le nombre fixé par l'état ci-joint.

Les autorités espagnoles sont tenues de fournir les vivres et les moyens de transports dont les garnisons des différentes places auront besoin jusqu'à la frontière de France, etc. Ainsi lesdits transports demeureront, comme il vient d'être dit, à la charge du gouvernement espagnol. On ne pourra réclamer à la division Française aucune indemnité pour frais de transports.

Art. 4. Deux officiers de la garnison de Barcelone, désignés par M. le général de division Habert, accompagneront la garnison de Tortose jusqu'à la frontière. Ils seront chargés de venir annoncer l'arrivée en France de la garnison.

Art. 5. Tout Français résidant à Barcelone

sera libre de suivre la garnison et d'emporter ses effets et marchandises, bien entendu, néanmoins, que ces effets seront soumis aux droits de douane qui pourront les atteindre. Ceux qui resteront en ville ne pourront être recherchés pour les opinions politiques qu'ils auront manifestées.

Art. 6. Tous les malades ou blessés qui ne pourront être évacués, seront embarqués sur des bâtiments pontés et commodes. Ils seront directement conduits dans le port. On leur fournira des matelas ou paillasses pour leur coucher pendant la traversée, ainsi que tous les ustensiles nécessaires à leur cuisine et traitement. Lesdits matelas et ustensiles seront renvoyés à Barcelone par le retour des bâtiments.

A l'égard des malades qui ne pourront pas suivre, on se conformera à tout ce qui a été stipulé en l'art. 3 de l'armistice, relativement à leur traitement et retour en France, seulement on pourra laisser à Barcelone des officiers de santé et employés nécessaires à leur traitement.

Art. 7. Les bâtiments français de la marine militaire et ceux du commerce qui se trouvent dans le port de Barcelone, mettront à la voile pour se rendre dans un des ports de France quand M. le général gouverneur le désirera.

Pour cet effet, le sauf-conduit de S. E. M. le marquis Wellington sera remis à M. le général gouverneur, aussitôt que la présente convention aura été ratifiée. Si des vents contraires les retiennent, ils pourront demeurer dans le port jusqu'à ce qu'ils soient favorables à leur sortie. S. E. le général en chef garantit que ces bâtiments ne seront ni molestés ni retenus, toutefois qu'ils ne transporteront pas des effets du gouvernement ou des particuliers espagnols.

Art. 8. La présente convention sera ratifiée dans l'espace de quatre jours, ou plutôt s'il se peut.

Fait double à Barcelone, le 5 mai 1814.

Signé: Lamy, Menu, Cabanès.

Appprouvé: le général de division,

Signé: Baron Habert.

Le général en chef de la première armée espagnole,   Signé: Copons y Navia.

Pour copie conforme:

Le chef d'état-major,

Signé: le Chevalier de Bains.

Paris. — Imp. Beaulé, 10, rue Jacques de Brosse.

OUVRAGES PUBLIÉS DU MÊME AUTEUR (1).

1822 — *Des Peuples et des Gouvernements.*

1833 — *De la Défense de Paris.*

1850 — *Essai sur la Force publique.*
    1re Partie. *Armée permanente.*

Id. — *Essai sur la Force publique.*
    2e Partie. *Réserve et Garde nationale.*

1852 — *Colonisation de la Guyane française. — Déportation pour Causes politiques et Sociales.*

Id. — *L'Impératrice Joséphine et la Famille Beauharnais.*

1853 — *Notice biographique sur le Général Comte Préval.*

Id. — *Questions générales, militaires et sociales sur le Recrutement.* Mémoires présentés à S. M. l'Empereur NAPOLÉON III. (Dotation de l'Armée.)

1854 — *Le Maréchal Suchet.* Eloge couronné par l'Académie impériale des Sciences, Belles-lettres et Arts de Lyon. (Aperçu historique de 1792 à 1815.)

Id. — *Origine, Progrès et État actuel de la Puissance Russe.* (Question d'Orient.)

1856 — *Questions Financières, Insuffisance des valeurs de Circulation.* (Banque territoriale.) Mémoire à S. M. l'Empereur.

---

(1) La plupart de ces ouvrages se trouvent à la librairie de J. CORRÉARD, rue Saint-André-des-Arts, 58.

www.ingramcontent.com/pod-product-compliance
Lightning Source LLC
Chambersburg PA
CBHW062310070726
47596CB00009B/1275